EL SUEÑO DEL PADRE

EOLAS
ediciones

EL SUEÑO DEL PADRE

Mercedes Folgueira

A lago y a Jose, las brújulas del sueño.

«I came to explore the wreck.

The words are purposes.

The words are maps.

I came to see the damage that was done

and the treasures that prevail»

Adrienne Rich, *Diving into the Wreck*

somos campos de labor

somos campos de labor en el acero del riego
somos los pétalos que deshojan nuestros vientres
y el calor que entumece las semillas

somos la sal del mundo en el surco hostil del sueño
somos el bocado del buey de labor
y el agua que apura los centímetros de estío
agradeciendo de rodillas el sudor del ángelus

somos las durezas que anuncian la tierra yerma
los sinsabores del hierro desplazando a la humilde madera

somos el terrón de la obstinación
el obstáculo de un campo agrio
la espera de unas manos agrietadas de cal y orina

somos el rezo de un rostro vuelto al dios sol

tierra oxigenada en el convencimiento del castigo

carbono y herrumbre somos

lo que de nosotros hicieron al ararnos

reja

arrastras tu arado por este surco que nos va llevando de vuelta a lo que éramos. detrás de tu nostalgia, tu hija recoge los frutos de la culpa y la incomprensión como si fuesen dones de un cielo sin mácula.

dios mío, cómo hemos cambiado de estatura.

surco

después de la vendimia vino el tiempo del barbecho, y en los posos de la tierra leía el futuro como en un evangelio:

> «habrá mujer un día que, siendo ajena a la raíz, asiente su surco en la turba y florezca con savia en los pezones. será la esposa la que abandone sus estrías al arado confundiendo su tierra con la tierra generosa del pasado. y así cuando macere la sangre ritual en medio de la yerba, aceptará como un comensal más el jugo del sacrificio.»

concepción

concebiste a tus padres mientras hacían el amor
antes de que lo hiciesen
antes de tocarse siquiera un poco como novios
antes de su corporeidad más cierta

miras con insistencia las cosas para concebirlas
reproduces en ellas tu ansia de origen

pero es tu amor y no su nombre lo que las pone en el mundo

cabeza

esto que aquí sostengo, este duro pedernal violáceo y
desbaratado me ideó; hizo de mí un sedimento, un cuerpo,
un germen y una guerra. y por eso le pertenezco.

esta piedra erosionada de tanto cavilar la duda a tientas
me imaginó triunfando, creciendo en contra de su óbito,
maldiciendo los miembros huecos de otros hombres. y por
eso la venero.

esta uva desgranada del resto del racimo; este óvalo en sazón
supura porque soy yo su semilla y su pulpa. el jugo que
ahora rezuma de la piel tiene la conciencia de las palabras
agarrotada contra el pecho. y por eso la exprimo.

esta fruta que agrieto, esta piedra que hizo fuego, este
reverberar indómito después de la caída, el fermento y el
arraigo, se hará en la tierra un hueco y se convertirá en el
amigo.

porque en la tierra, abandonada su rectitud, entre la ternura
que domina el recuerdo, podré hablarle con libertad de la
sangre que esta misma piedra hizo brotar. podré hablarle de

la uva que restañó la herida. podré medir a la sombra de su faro los pulsos invertebrados que después del odio me empujaron a donde ahora estoy: en la memoria que produce savia nueva.

concepción 5

A Jose C.

lloras viendo los irisados
que descomponen lo que ayer con tanto esfuerzo acumuló

el fuego escama la vida de otro
de ese otro al que tú tanto amas

(te le pareces. no llores.)

me gustaría quitarte el peso de la pena
descorrer el hueso y el humo
y que solo hubiese paz para ti
                    paz y los tuyos

(está todo bien dices / me dices)

has recorrido un camino muy largo para ver cómo arden los
    documentos últimos de lo que fue vida
¿no te das cuenta?
tú concebiste tu propia **espera**
                    en sus bailes
                    y en su enfermedad también

no ha muerto. está. no llores
los irisados nos dicen que aún hay oxígeno

nocturno

escucho la voz de mi padre rasgar la llama del candil
sus raíces son de otro mundo y suenan sus cuerdas
con la proclama del que se hizo la vida a golpes

«tengo miedo»

dos ojos de gato amarillo encienden la coma en mi alerta
ya no hay candil ni luz ni es de noche
el pasado y el futuro rebosan mi presente

concepción 6
vejez

son piélagos anudados de inocencia

                creo

mueven así la cabeza

                así

como asintiendo al silencio

empiezan a reír bromas gruesas
y te da vergüenza
porque pensaste en su inocencia desdentada
arrugadita como un bebé
y con labios que buscan
          sí
en el pezón de los días
              creo
el ámbar de un higo maduro
        ¿verdad que sí, que hay ámbar en su centro?

con erecciones diligentes, involuntarias
de ruegos de prórroga y anticipación
abren saquitos de preguntas dolorosas
porque la vida al final es muy directa
porque la vida en su final ya no es tan seria

es triste porque
tienes ganas de acabar ya con este polvo diosmío tan largo
qué hastío de sexo ya me pesa ya son años abriendo los ojos y
la boca porque alguien me condensó el primero en un vientre
así
como embotando su filo en el ámbar del tiempo

eso es triste
(mira, si no, tus manos, ¿son las tuyas?)
                                                            triste...
pero puedes reírte porque ya el final anda cerca

el despertar de la hija

transparencia

guardas bajo palomas de alicate lo que observas cada noche tras la tímida estela del tul que te refugia.

guardas un yerro y una fragua que modelan tu ansia y miras y temes que te devuelvan la mirada y el azogue, como una perra que busca que laman su herida de pobreza, que la desvistan, que la recojan y pellizquen su vergüenza bajo la tela azul del mármol.

guardas bajo palomas de alicate un don. por eso te ahogas en la ropa que te cubre. porque ya tienes el conocimiento de la vestal fértil. y sabes cuándo la yegua debe ser cubierta, cuándo la luz protegida, cuándo el muslo ajado con las venas del fuego. tú ya sabes que la corona de raso despierta la carne victoriosa de hambre.

guardas bajo palomas de alicate una herida hambrienta de rasantes y espátulas. atrévete a que supure. inféctala. manipúlala para que te salte a la boca un gemido desobediente. huye. y reza. reza como gimen las vestales al deshacerse de su manto blanco.

amor

hubo quien antes de mí lo desató
y no me lo perdono

ser eterna y mansa
fría como el agua que las piedras lamen
aún a sabiendas de que no tiene freno

cuerpos extraños

hay otros cuerpos
otras mareas vivas aún en los huecos de tus manos

los hay

y en la noche vienen y se acuestan contigo
se recuestan como yo me recuesto
valiente
en tu pecho
y te hablan y te miran como yo
pero sin verte

hay los cuerpos que fueron párpados
mareados del antes
y te rodearon en su carne
y los hendiste
y te hendieron

están los cuerpos que deseaste antes que el mío
y están todos aquí contigo hoy

hay más cuerpos que ritmos en el fondo de esta carne
me recuento a veces en su abultado esquema métrico

y temo que su aliento dibuje mi contorno
como el vaho pasajero del cristal en el presente

2020

empecé a abrazar la vida cuando descubrí los cuerpos y sus
   sexos irregulares

abracé cuerpos extraños hasta que me resultaron propios
abracé cuerpos calientes de añoranza
abracé cuerpos traspasados por la vida
cuerpos deformes
cuerpos sin aliento
cuerpos deshabitados
desahuciados

profané cuerpos consagrados a sí mismos
desritualicé cuerpos habituados al engaño
lamí las redes en las que se confinaban
corté con mi saliva sus yugos
desescamé cuerpos habituados a la sal
afilé cuerpos descartados por la vida
abracé la fe en el sexo
en esos cuerpos que mutilados se me acumulaban
cuerpos que podían situar en el mío erosiones que yo
   quería ocultar

y en el espanto de mis propias necesidades
reconocí en otra carne la memoria de la mía
vino la sublimación en la anagnórisis
el abrazo al cuerpo definitivo
como a una corona de algas en el sueño

y lo desperté a la orilla
y lo saqué de sus redes
y amasé su terror con mi propia culpa
me consagré en tiempo y sangre a abrazar aquel cuerpo
sus tibias producciones
el olor de su vello
heredé la sal de la infección las manos y la tinta
de su lengua una voz propia y escamas para la lluvia
su peso en mi vientre y su espera en la espuma

después de todos los cuerpos era este cuerpo el mío
el mío
mío
yo
que nunca pertenecí sino al vaivén de las mareas

amor (II)

me he desecho de los mendigos del pan y los harapos
y como si chocase con el don de la pobreza
destilo otros cuerpos
                                en su volumen y en su rumor

me he permitido ofrecer los oídos al embudo del miedo
y errar en esa otra búsqueda del vagabundo
que al acompañarme desata la realidad

y con sus alfileres las nuevas partículas
del cuerpo extraño que me rodea

es creación y no sutura
la mano indiferente extendida hacia el camino

sangre

se enquista su olor en tu paladar
y la ves hurtar lenta la herida

la ceguera brota gutural de entre tus muslos
haciendo comprensible en la razón de su bautizo
tanta impiedad como sale de tu vientre

las bocas que va abriendo la vida
son los restos violentos del olor al animal

sangre que se te espesa en la garganta
comprometiendo tus convicciones

sangre, litio, almíbar
diferidos en la escarcha

litio almíbar sangre
silenciada en la sutura

fractal

I

leí los versos del hombre indeciso
en mi constante comparación
con el residuo del miedo

otra cicatriz más exhibida por la piedra
que declara su fe en el espacio
aunque crezca lento y líquido el pliegue

entreabierta a veces a la humedad del tiempo
es el mar su salida y su empuje
el costal del cautivo en la estatua
aquel que mira atrás para prevenir el golpe
y reabre la fractura en su cráneo vuelto

llegará el declive sin tardar en la marea
la llama de la fe será el don de otra lengua
y creerá sin manos en las palabras que permanecen gracias
       a la herida y la erosión
(solo las que no importan ya)
y en otro volumen
rebajado el continente
las palabras que no importaban ya
escocerán importunas en poder de la sal

II

pero las palabras, negro sobre blanco, lo decían
y podía oír
cómo entonces sí prometían rendición, eternidad,
raíces al enfermo

visité esos versos desde la hiedra
desde el apartado atolón de los celos
y me vi reflejada en el espejo de la ira

no puedo borrar la superficie del agua
que viene turbia y resquema
sólo entibiar los dedos para crear elipses

vuelve el círculo a cerrarse sobre su propio mal

algún día seré pasado
cubriré el muro con mis palabras
y hundiré mis raíces
en la turba de las hojas del suelo pasajero

interludio:
vigilia

el credo

cuatro misterios dolorosos y una epifanía

I

vestida de blanco accedes al paraíso de las vírgenes. una. otra.
lloras. caminas como un buey resignado al yugo. te refrenas.
abortas. no. así no. sin trabajo. sin ahorros. sin nombre. es
como una gloria estar en el paraíso de los desaparecidos. un
empujón, dos, tres, fuera. un empujón, una hostia, la pared. te
roza el hemiciclo, dos, tres, fuera. aplausos. sonrisa. bandejas
de sangre. gloria. tu cabeza servida en los postres. ¿le interesa
el producto? ya no. ya no es turgente la carne.
ah, las discotecas. la dulcificación de la violencia a través
de los vapores... un empujón, dos, fuera. un pacto de futuro.
la interinidad. dos, tres, fuera. los llantos de media noche.
ahogados. las afueras. redención. el césped que no crece.
la náusea. un cambio de escenario. llegan a cuatro las
embestidas. fuera. cómo te gusta hacerte la víctima. bailabas
como una loca. siempre el calor. tu calor. un aspersor.
bocanadas de aire. aquí. fuera. por poco te rompen la cara.
otro empujón. tres. no. ahí no es. eso no es. demasiado
líquido. demasiados conatos de angustia. dos, tres... ¡escupe,
hostia! ¡fuera! alzas la cabeza. la mano. el anillo.
vestida de blanco vomitas mejor los golpes.

II

¿hay gloria después de la línea recta? ¿hay pesos encorvados que jalean tus indecisiones? ¿hay pautas de castigo para las putas como tú? ¿hay reinos animales tras las carreteras? ¿hay alguien en ese coche? hay algo: mi cuerpo. la libertad de un freno de mano. *nena, no sonrías tanto que se te nota la borrachera. te voy a recoger así la cara. así. para hacer de tu sonrisa una costura de piñón. te voy a dejar los dedos marcados en las mejillas.* en la boca, no, que te huele luego el aliento a semen. que se te va a ver la marca de agua del propietario. así no. que luego no encuentras los pantalones. el trabajo es arduo y la espera isquémica. separa los muslos que ya son como velcro. abortas. tampoco aquí estaba. cuando vuelvas a casa, camina como si no te hubieran follado. como si nunca hubieras follado. vuélvete. un empujón. dos. tres. fuera.

III

se repiten las poluciones nocturnas. rumias demasiado y el
aliento es ya una comisura blanca. a golpe de tos vomitas con
un afán tuberculoso. el tiempo de la herida te puede. antes te
vestías empezando por la cara. ahora ya no sabes si la vida es
de tu talla pero la masticas junto con el grueso blanquecino
de tus comisuras. te regodeas en la ligereza de una desgracia
silente, pacífica. masticas ávida las indecisiones. uno, dos,
tres, fuera. crees firmemente en la masturbación obsesiva.
en los productos onanistas de una realidad objetivable. vives
en la posmodernidad egoísta del llanto. la boca abierta. la
mirada impactada. y el precio de la armonía aún en las nubes.

IV

son inescrutables los productos de la vida. las líneas rectas que deseamos romper a veces se prolongan como vectores vivos. como penes inabarcables. como productos de excrecencias menstruales que no llegan a puerto. debería estar feliz ante este bien endémico de la perpetuidad. debería sonreír. debería. porque son objetivables todos los tonos ocres del desamparo. y de la sobriedad. uno. dos. tres. dentro. ¿y qué pasa ahora?

V

la criatura llora y se retuerce porque sabe de sus incomodidades y un poco de las tuyas. tiene la mirada vacía y la boca desarmada. se retuerce molesta y te aparta ya con sus pequeños aceros de puño rojizo. se estira incómoda. su rigidez es próxima a la de una madera tallada, recubierta de un cuero muy fino que se duele siempre y a veces requiere de luz. dicen que se la has dado. que has dado a luz. y en esa pequeña mirada sospechosa, distraída y un poco opaca compartís la mentira. sobrevivís ambas bajo un mismo yugo. la sonrisa que viene después nace de una verdad compartida. con el tiempo todo se cubrirá de palabras. ahora, en este silencio, disimular es difícil.

estirpe

concepción 2
conversación en el Titanic

A mis chicas

erais escarcha pura en la pira bautismal
cascabeleando nombres de varón

                    (queríais todas varón)

en torno a una mesa

yo dejaba futuros insomnes
compartía mi piel y el fuego
sin revestir de dicción mis actos
    (quizá debería haber escuchado antes los cánticos el
    fuego y vuestros ojos)
nombrabais brumas inciertas
y estas daban puntos de sutura
en la revelación que dormía apelmazada
justo antes de licuarse en vuestras bocas

concepción 3

¿y qué hay de mi origen si yo no he concebido amor antes
    de mí?

si escapaba bajo la almohada de esos sonidos antiguos
comprensibles solo desde la sangre del ritual

si los oigo ahora y me pregunto (aún ahora) si cuando
    callan piensan
en lo que hubo antes del antes o en el poder de nombrar

si yo misma soy incapaz de saber aún ahora que ya está y
    es nombre
el porqué de su respiración contigua a mi nido

concepción 4

//corre//

te condeno a la vida

soy tu único árbol
eres mi estirpe muda de origen

nada busqué ni herí ni compartí al nombrarte

tú que no viniste de mi lengua ni
de un cierto estado de estupor ante el mundo

eres mi hijo   eres el legajo del sol
el súbito cervatillo que pasta incierto
         así
         así
te condeno a que corras
porque no sé ya de orígenes ni de mirar atrás

iniciático

A lago

el orín en las manos sella el ritual
la danza adolescente de la intuición del sexo
el miedo que produce entrar a ciegas
en el pacto con otra vida cauterizada de otros orines en las
    manos
de otros desiertos y otros entramados y otros tintes
de otras cautas y aún inciertas producciones
de un azul desteñido
de tantas mucosas como atestiguan
el paso del llanto a la risa o a la intemperie

es líquido todo lo que sella
y lo que brota de los ritos al principio
las divisas los recuerdos los amores
el vómito el esputo la sangre los alcoholes

todo tiene su lejía su dolor incauto

un flujo como de esparto que marca de por vida
las runas que encriptan la piel joven en la piedra

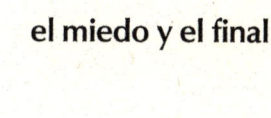

el miedo y el final

la flor aún

la flor alardea de un cáliz continuo
y de cómo redimen la tierra sus raíces

sangra su sangre de vértebra inmóvil
y esa alegría de féretro suya
encuentra la paz en la lenta cadencia hacia el sol

viene su rumor de la tierra
y sabe bien lo que la tierra guarda y lo que la tierra es...

viene su rumor desde el sepulcro a hablarme
de palabras estériles en el sépalo del descuido
envueltas en sus semas venenosos

cala blanco el miedo igual que el calcio
en la furia abdominal de los huesos

la palabra que la flor calcula
deshace en verdad la piedra de su raíz

ciudad blanca

(tríptico, en el cementerio de Luarca)

I

llevamos a nuestros muertos en brazos

incluso a aquellos cadáveres que aún no pesan
pero nos han servido de unción y castigo

a esos los cargamos como un Sísifo inverso
dejándonos arrastrar por los ecos de su piel barnizada
que libera la memoria oculta en los pliegues

ya van pesando los brazos de acarrear a estos muertos
cuyas manos algún día deseamos más blandas
cuyo calvario de flujos y de tierra
nos libera
de la cruz de la vida eterna

II

es la piedra soporte y memoria circular
del cuerpecillo de antaño, del monumento
que con dientes se excavó y con cantos se dispuso en ara
    pétrea

una cruz en un aspa mutilada marcará el punto en el mapa
    de la hiedra

las flores agostadas de salitre lamerán abruptas su piel
    nueva
traslúcida
a todos los efectos cirio pascual y sacrificio

hay seres que, sin abrir los ojos,
resumen en su avidez de fin la ternura y el vértigo de sus
    huesos

III

la luz que arroja es la blancura de su corteza
y su mínimo aparejo

si pudieses arañar su costra
cabría la cal del límite
en el contorno de tu uña

te devolvería entonces haces de conocimiento ancestral
y sabrías por fin
que no hay piedra blanca en ella
que no esconda una oquedad

yacen aquí los nombres y se someten
al juicio del comensal
como en un diccionario de lo eterno

yacen pacientes en su hora nueva
esperando pesar en los vivos
como nunca una losa pesó en su regazo

guijarros

se llevaron el producto en el lienzo de su carga.
hicieron del mármol tumor del pelícano sagrado
por su confianza ciega en la salvación por la fe

> *(manaba de sus bocas el alimento para las crías*
> *por ellas vaciaban de humores las arterias)*

con el producto de la esperanza
cincelaban y tañían cuerpos
arrancaban notas inquietas
moldeaban imágenes de cuna triste
simientes vírgenes de túmulo vacío

> *(queriendo ilustrar el miedo,*
> *los miedos inciertos del que no se atreve ¡ay!*
> *a mirar al cielo)*

se elevan las imágenes del plomo al mediodía
las pule el aire mientras digieren cansadas
en los rostros sin tutela
la distancia inagotable entre la casa de la infancia
y los miedos que no son porque habitan el futuro

McDonald's

ya no se llega al Parnaso por el camino del alma

la hostia se consagra en grasa de caballo
la sostiene el oficiante, carne, tendón y miedo
antes de enterrarla en pan

Tomad y comed todos de él

excepto los hambrientos
pues ellos heredarán la sed de justicia

Tomad y comed todos de él

tras un responso que sabe a gloria mecanizada
a mártires del urbanismo
a vuelta y vuelta con San Lorenzo

Venid y bebed todos en él

porque este es el cáliz del futuro
el vino que engrasa el gaznate del oficiante
la nueva y perenne alianza
entre el despotismo del hijo
y la indiferencia de Dios

ritual

arrastras su altura en tu morral
y la escondes de esa intemperie firme
que quiere saber
salvaguardarte del jeroglífico del dolor

es la muerte la talla de tu vida

la desnudas a solas para trabajarla mejor,
paseas sus contornos con un solo dedo
reaglutinando pérdidas como olas sordas
haciendo pie en una orilla insegura

más tarde, volverás a cubrirla
justo hasta que otra marea te alcance
escuchando la salmodia del miedo

y luego, como si nada pasase,
continuarás el susurro de la profecía
en estratos de lucha que se adhieren a tus pasos
que aumentan la carga del ídolo
la savia espesa del augurio de la sangre

naturaleza muerta
en el lago de Sanabria

el ridículo contraste de nuestro desabrigo con su anticipación
con la protección exagerada de piel, ojos, manos

animales que simulan agallas, membranas
que se estrían, se rompen, se encogen
que tiritan al contacto prolongado de las aguas
que aúllan si la piedra los refracta
si se adhieren a su carne las esquirlas de la arena

no a nosotros

la arena nos envuelve
nos goza el agua hasta el fondo
nos traspasa la luz y nos acurrucamos al aire

como bestias buscamos la protección de otro cuerpo
hilados bajo el sol en la consciencia cero

acecho

rosa como una ubre gigante
te caes blanca del revés
asperjas el aire de una secuencia derivada
del azul del paraíso

nadie diría ahora que tu belleza
barroca en sus puntillas
agoniza breve como un ganso mutilado
como el gatillo del cazador que ya te atrapa
que te ve, leve, cruzar los pastos
que te ve lamer (*tan ágil*) los frutos de sus higueras

perdón

para aprender a germinar hay que crecer
en el parto, en el rumor, en la zozobra

es difícil nacer y en el acto redimirse
no abrir al rozar con tu ceño arrugado
las heridas que en la tierra aguardan tus rodillas

cierre

de la libreta donde escribo caen insectos mudos
cadáveres con un pie fónico muerto antes de ser pronunciado

maternidades huecas

esta eterna queja nuestra y un pesar ya muy ligero

NOTA DE LA AUTORA

Gracias a José María Castrillón por su apoyo, criterio y compañía. A Jordi Doce por su atenta lectura y atinados comentarios. A mis amigas por su ánimo, no solo en esta ocasión, ellas lo saben. A Héctor Escobar y Víktor Gómez por su acogida editorial. A todos los que alguna vez han nutrido de palabras mi visión de las cosas. También estáis ahora en estas páginas.

Avilés, a 31 de agosto de 2023

Índice

estirpe

el miedo y el final

© de los textos: Mercedes Folgueira
© de la edición: EOLAS EDICIONES

Diagramación: contactovisual.es
Fotografía de portada: Mercedes Folgueira
ISBN: 978-84-10057-15-9
Deposito legal: LE 13-2024
Impreso en España - Printed in Spain